1A

Lesson 1

太阳	tàiyáng	sun	1
月亮	yuèliang	moon	2
星星	xīngxing	star	3

云	yún	
山	shān	
树	shù	

Lesson 2

一	yī	one	7
二	èr	two	8
三	sān	three	9
四	sì	four	10
五	wǔ	five	11

六	liù	six	12
七	qī	seven	13
八	bā	eight	14
九	jiǔ	nine	15
十	shí	ten	16

Lesson 3

熊猫	xióngmāo	panda	17
老虎	lǎohǔ	tiger	18
猴子	hóuzi	monkey	19

袋鼠	dàishǔ	kangaroo	20
大象	dàxiàng	elephant	21
长颈鹿	chángjǐnglù	giraffe	22

Lesson 4

红	hóng	red	23
黄	huáng	yellow	24
蓝	lán	blue	25
白	bái	white	26

绿	lù	green	27
黑	hēi	black	28
粉	fěn	pink	29

Lesson 5

香蕉	xiāngjiāo	banana	30
西瓜	xīguā	water melon	31
桃	táo	peach	32

苹果	píngguǒ	apple	33
梨	lí	pear	34
橙子	chéngzi	orange	35

Lesson 6

书包	shūbāo	schoolbag	36
书	shū	book	37
本子	běnzi	notebook	38

笔	bǐ	pen,	39
尺	chǐ	pencil	40
橡皮	xiàngpí	ruler	41

1B

Lesson 1

头	tóu	head	42	嘴	zuǐ	mouth	46
眼睛	yǎnjing	eye	43	手	shǒu	hand	47
耳朵	ěrduo	ear	44	脚	jiǎo	foot	48
鼻子	bízi	nose	45				

Lesson 2

电视	diànshì	TV set	49	灯	dēng	lamp	52
电脑	diànnǎo	computer	50	冰箱	bīngxiāng	refrigerator	53
电话	diànhuà	telephone	51	洗衣机	xǐyījī	washing machine	54

Lesson 3

米饭	mǐfàn	rice	55	牛排	niúpái	beef steak	58
面条儿	miàntiáor	noodle	56	汉堡包	hànbǎobāo	hamburger	59
鸡肉	jīròu	chicken	57	汤	tāng	soup	60

Lesson 4

衬衫	chènshān	shirt	61	裙子	qúnzi	skirt	64
毛衣	máoyī	sweater	62	鞋	xié	shoe	65
裤子	kùzi	trousers	63	袜子	wàzi	sock	66

Lesson 5

杯子	bēizi	cup	67	香皂	xiāngzào	perfumed soap	70
牙刷	yáshuā	toothbrush	68	毛巾	máojīn	towel	71
牙膏	yágāo	toothpaste	69	镜子	jìngzi	mirror	72

Lesson 6

汽车	qìchē	car	73	轮船	lúnchuán	ship	76
火车	huǒchē	train	74	摩托车	mótuōchē	motor-bike	77
飞机	fēijī	plane	75	自行车	zìxíngchē	bicycle	78

月 亮

yuèliang

2.

moon

星星

xīngxīng

star

云

yún

4.

cloud

山

shān

mountain

树

shù

tree

一

yī

one

二

èr

8.

two

三

sān

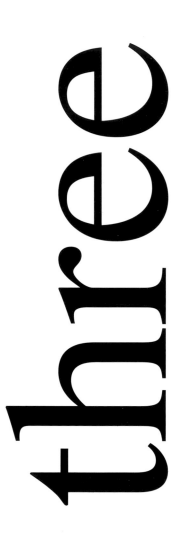

three

Monkey King Chinese School-age Edition Word Cards 1A–2

四

sì

four

五

wǔ

five

六

liù

six

七

qī

seven

八

bā

eight

九

jiǔ

nine

10

十

shí

ten

熊猫

xióngmāo

panda

老虎

lǎohǔ

tiger

猴子

hóuzi

monkey

Monkey King Chinese **School-age Edition** Word Cards 1A—3

19.

袋鼠

dàishǔ

kangaroo

Monkey King Chinese School-age Edition Word Cards 1A–3

大象

dàxiàng

elephant

长颈鹿

chángjǐnglù

giraffe

红

hóng

red

黄

huáng

yellow

Monkey King Chinese School-age Edition Word Cards 1A–4

lán

blue

Monkey King Chinese School-age Edition Word Cards 1A—4

bái

white

lù

green

黑

hēi

black

Monkey King Chinese School-age Edition Word Cards 1A–4

fěn

pink

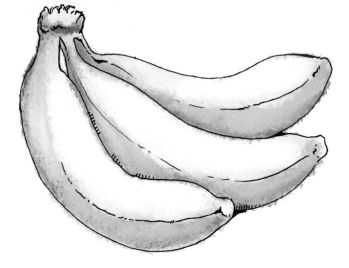

香蕉

xiāngjiāo

banana

西瓜

xīguā

water melon

桃

táo

peach

苹果

píngguǒ

apple

梨

lí

pear

橙子

chéngzi

orange

书包

shūbāo

schoolbag

书

shū

book

Monkey King Chinese School-age Edition Word Cards 1A–6

本子

běnzi

notebook

笔

bǐ

pen, pencil

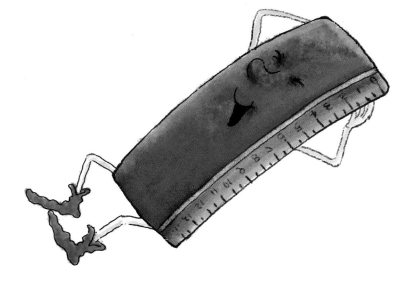

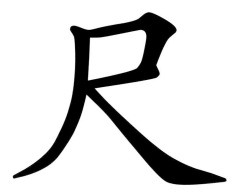

chǐ

ruler

Monkey King Chinese School-age Edition Word Cards 1A–6

橡皮

xiàngpí

rubber

头

tóu

head

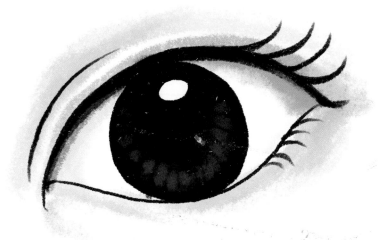

眼睛

yǎnjing

eye

耳朵

ěrduo

ear

鼻子

bízi

nose

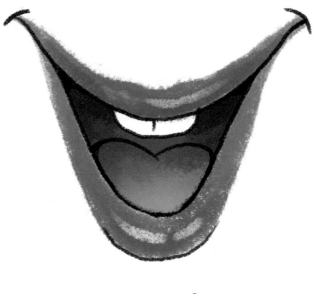

zuǐ

mouth

shǒu

hand

脚

jiǎo

48.

foot

Monkey King Chinese School-age Edition **W**ord Cards **1B—1**

电视

diànshì

TV set

Monkey King Chinese School-age Edition **Word Cards 1B–2**

电脑

diànnǎo

computer

电话

diànhuà

telephone

灯

dēng

lamp

冰箱

bīngxiāng

refrigerator

洗衣机

xǐyījī

washing machine

米饭

mǐfàn

rice

面条儿

miàntiáor

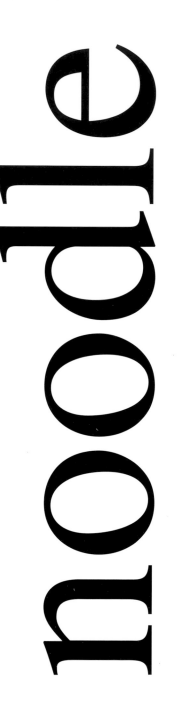

noodle

鸡肉

jīròu

chicken

牛排

niúpái

beef steak

汉堡包

hànbǎobāo

hamburger

tāng

soup

衬衫

chènshān

shirt

毛衣

máoyī

sweater

Monkey King Chinese School-age Edition Word Cards 1B–4

裤子

kùzi

trousers

Monkey King Chinese School-age Edition Word Cards 1B–4

裙子

qúnzi

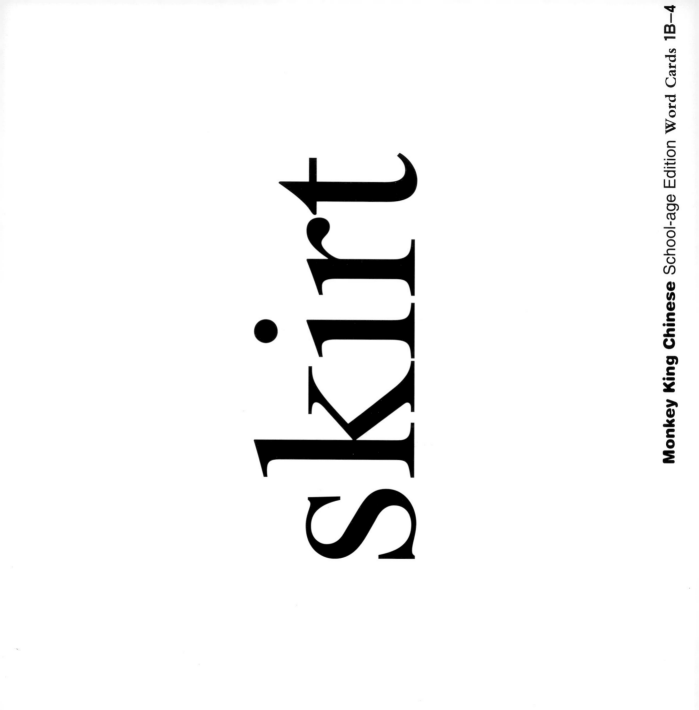

skirt

鞋

xié

shoe

袜子

wàzi

sock

杯子

bēizi

cup

牙刷

yáshuā

toothbrush

牙膏

yágāo

toothpaste

香皂
xiāngzào

perfumed

soap

Monkey King Chinese School-age Edition **Word** Cards **1B–5**

毛巾

máojīn

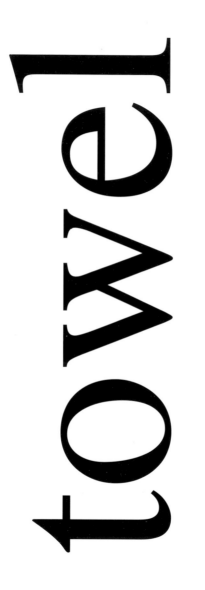

towel

镜子

jìngzi

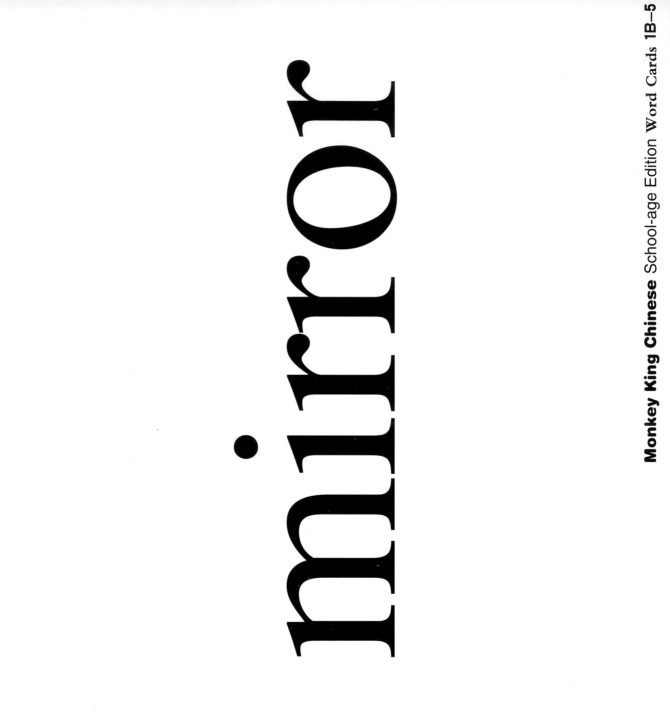

mirror

Monkey King Chinese School-age Edition Word Cards 1B–5

汽车

qìchē

73.

car

火车

huǒchē

train

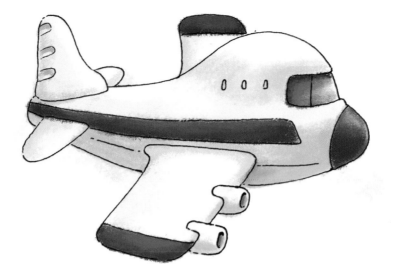

飞机

fēijī

plane

轮船

lúnchuán

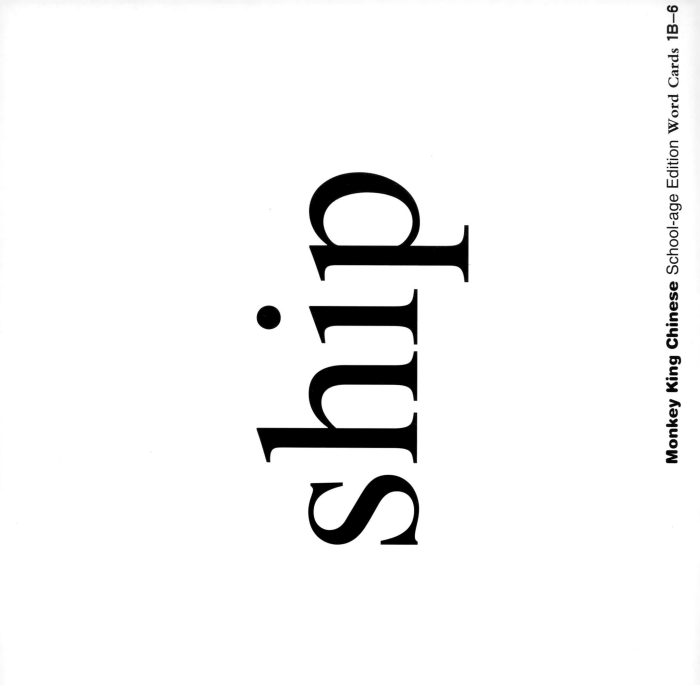

ship

摩托车

mótuōchē

77.

motor-bike

Monkey King Chinese School-age Edition Word Cards **1B–6**

自行车

zìxíngchē

bicycle

Monkey King Chinese School-age Edition Word Cards 1B–6